P9-DDD-118

SOCCERMANIA
FUTBOLMANÍA

JUAN PABLO
LOMBANA

ILLUSTRATED BY /
ILUSTRADO POR
ZAMIE
CASAZOLA

SCHOLASTIC INC.

If you purchased this book without a cover, you should be aware that this book is stolen property. It was reported as "unsold and destroyed" to the publisher, and neither the author nor the publisher has received payment for this "stripped book."

No part of this publication may be reproduced, stored in a retrieval system, or transmitted in any form or by any means, electronic, mechanical, photocopying, recording, or otherwise, without written permission of the publisher. For information regarding permission, write to Scholastic Inc., Attention: Permissions Department, 557 Broadway, New York, NY 10012.

ISBN 978-0-545-66516-2

Text copyright © 2014 by Juan Pablo Lombana
Illustration copyright © 2014 by Zamie Casazola
All rights reserved. Published by Scholastic Inc.
SCHOLASTIC and associated logos are trademarks and/or
registered trademarks of Scholastic Inc.

12 11 10 9 8 7 6   15 16 17 18 19/0

Printed in the U.S.A.   23

First printing, January 2014

To the Lombana Mariños, even though they are fans of Santa Fé.

A los Lombana Mariño, aunque sean hinchas del Santa Fé.

—JPL

To my old man Raúl Véliz, thank you for that first notebook.

A mi viejo Raúl Véliz, gracias por ese primer cuaderno.

—ZC

contents

contenido

SOCCERMANIA

FUTBOLMANÍA

when was soccer born?
¿cuándo nació el fútbol?

People have dribbled, kicked, and thrown balls for thousands of years. But it was only 150 years ago that representatives from twelve London teams met to create modern soccer. Ebenezer Cobb Morley, from the Barnes Club, wrote down the rules that established the Football Association (FA) in England.

La gente ha jugado a driblear, patear y lanzar pelotas desde hace miles de años. Pero hace solo 150 años representantes de doce equipos de Londres se reunieron para crear el fútbol moderno. Ebenezer Cobb Morley, del Barnes Club, redactó las reglas y con ellas se fundó la asociación inglesa de fútbol (the Football Association).

Partners in Print Day

Save the Date!

What? The 5th annual "Partners in Print Family Day". The afternoon will consist of different activities and workshops for parents and children.

Who? The event is open to families that participate in "Partners in Print" workshops at their elementary schools.

When? Saturday, May 7, 2016
*The event begins at 12:30pm.

Where? The University of Maryland, College Park

For more information regarding the event please contact
Nancy Canales
phone: 301.314.7322
email: ncanales@umd.edu

Free! *There will be free food, a free book, and a free t-shirt!*

Día de
Socios en lo escrito
¡Guarde la fecha!

¿Qué?: Para el "Día de Socios en lo Escrito". Tenemos una tarde llena de diferentes actividades y sesiones (talleres) para los niños y padres.

¿Quién?: El evento esta abierto para las familias que participan en "Socios en lo Escrito" en las escuelas primarias.

¿Cuándo? Sábado 7 de mayo 2016
*El evento comenzará a las 12:30pm.

¿Dónde?: *La universidad de Maryland, College Park*

Para mas información sobre el evento por favor contacte
Nancy Canales
teléfono: 301.314.7322
correo: ncanales@umd.edu

*¡Habrá comida gratis, un libro gratis y una camiseta gratis!

The word "soccer" comes from the word "association." Many people used "soccer" as shorthand to identify the sport played by the Football Association.

La palabra "soccer" surgió de la palabra "association". Muchos decían "soccer" cuando hablaban del deporte de la Football Association.

The word "soccer" was not invented in the U.S. or Canada. It was first used in England.

La palabra "soccer" no se inventó en los EE.UU. o Canadá. Se usó por primera vez en Inglaterra.

One of Ebenezer's rules banned carrying the ball while running. Another rule banned hacking, which means to tackle a player below the knee. Some teams objected to those bans and created a separate organization for a different sport: the Rugby Football Union.

Una de las reglas de Ebenezer decía que no se podía correr con el balón en la mano. Otra decía que no se podía derribar a un jugador pegándole por debajo de la rodilla. Algunos equipos no estuvieron de acuerdo con esas reglas y formaron una organización aparte para un deporte diferente: la Rugby Football Union.

4

The first match played under the new rules was celebrated with this toast: "Success to football, irrespective of class or creed."

Después del primer partido de fútbol jugado con las nuevas reglas, se hizo este brindis: "Éxito para el fútbol, sin que importe la clase social o la religión".

 This match was played in Battersea Park, London, on January 9, 1864. So modern soccer is exactly 150 years old!

Este partido se jugó en el parque Battersea de Londres, el 9 de enero de 1864. ¡Así que el fútbol moderno tiene exactamente 150 años!

the ball
el balón

You only need friends and a ball to play soccer. You can make two goalposts with stones, or anything else, and start playing. The game's simplicity is one of the reasons why soccer is the world's most popular sport.

Para jugar fútbol no necesitas más que amigos y un balón. Puedes demarcar dos arcos con piedras o cualquier otro objeto y empezar a jugar. Esta es una de las razones por las que el fútbol es el deporte más popular del mundo.

The most popular soccer ball has a cover with 32 panels. 20 of those panels are hexagons and 12 are pentagons. This ball is known as the Buckminster ball because it is based on the geodesic dome created by American inventor Buckminster Fuller.

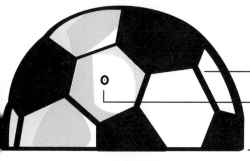

stitching / costura

valve / válvula

cover / cubierta

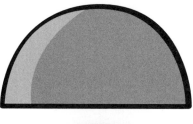

linings / revestimientos

bladder / vejiga

El balón más común tiene 32 paneles en la cubierta. 20 de estos paneles son hexagonales y 12 son pentagonales. Este balón se conoce como el Buckminster porque está basado en la cúpula geodésica que diseñó el inventor norteamericano Buckminster Fuller.

⚽ If you drop a soccer ball from 80 inches high, it should bounce back 48 to 50 inches in the air.

Si sueltas un balón desde 2 metros de altura, debe rebotar entre 120 y 150 centímetros.

A soccer ball kicked by a professional player will travel between 40 and 60 mph. But a really strong kicker can make it fly over 80 mph.

Un balón pateado por un jugador profesional alcanza una velocidad de 65 a 96 kph. Pero un gran pateador puede hacer que vuele a 120 kph o más.

How many soccer balls are made every year around the world? 100,000,000!

¿Cuántos balones de fútbol se hacen cada año en el mundo? ¡100.000.000!

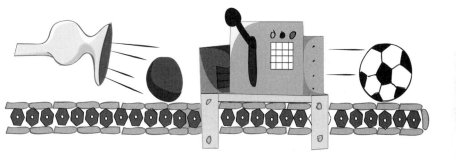

The finalists of the first World Cup in 1930, Uruguay and Argentina, couldn't agree on what ball to use for the game. So the first half was played with an Argentinian ball and the second half with a Uruguayan ball!

Los finalistas de la primera Copa Mundial en 1930, Uruguay y Argentina, no se ponían de acuerdo sobre el balón con el que debían jugar el partido. ¡Así que jugaron el primer tiempo con un balón argentino y el segundo con un balón uruguayo!

millions!

About 270 million people (men and women) participate in soccer around the world.
Do you know how many of those are referees?
Five million!

The country with the largest number of registered players is Germany, with 6,308,946. But the country with the largest number of total players, registered and otherwise, is China, with 26,166,335.

The country with the largest number of teams is England, with 42,490.

The smallest professional league in the world is in the Isles of Scilly in the United Kingdom. It has two teams, the Garrison Gunners and Woolpack Wonderers.

¡millones!

Alrededor de 270 millones de personas (hombres y mujeres) en todo el mundo participan en el fútbol. ¿Sabes cuántas de esas personas son árbitros? ¡Cinco millones!

El país con más jugadores registrados es Alemania con 6.308.946. Pero el país con más jugadores, registrados y no registrados, es China con 26.166.335.

El país con más equipos de fútbol es Inglaterra con 42.490.

La liga de fútbol profesional más pequeña del mundo es la de las Islas Sorlingas, en el Reino Unido. Cuenta con dos equipos, Garrison Gunners y Woolpack Wonderers.

the largest tournament in the world
el torneo más grande del mundo

Every year, thousands of boys and girls meet in Sweden to compete in the largest youth soccer tournament in the world: the Gothia Cup.

Todos los años, miles de chicos y chicas se reúnen en Suecia para competir en el mayor torneo de fútbol juvenil del mundo: la Copa Gothia.

The players eat 205,000 meatballs during the tournament, which lasts one week!

¡Los jugadores comen 205.000 albóndigas durante el torneo, que dura una semana!

 GOTHIA

How many soccer fields?
¿Cuántos campos de juego?
110

How many goals in 2012?
¿Cuántos goles en 2012?
24,567

How many participants?
¿Cuántos participantes?
37,400

How many teams?
¿Cuántos equipos?
1,545

How many games?
¿Cuántos partidos?
4,520

Average age?
¿Edad promedio?
15.5

Women's Soccer

A hundred years ago, women's soccer was very popular in England. One of the most famous teams had a strange name: Dick, Kerr's Ladies. The name came from the munitions factory where the players worked during World War I. The team was so popular that up to 53,000 spectators went to see them play.

Some people feared that the men's tournament could lose fans, so they did something unimaginable: They banned women from the fields of the FA! The ban wasn't lifted until 1971, almost 50 years later!

Hace cien años, el fútbol femenino era muy popular en Inglaterra. Uno de los equipos más famosos tenía un nombre extraño: Dick, Kerr's Ladies. Ese era el nombre de la fábrica de municiones donde trabajaban las jugadoras durante la Primera Guerra Mundial.

Este equipo era tan popular que llegó a tener 53.000 espectadores en las gradas. Algunas personas pensaban que el fútbol masculino perdería aficionados, así que hicieron algo inimaginable: ¡les prohibieron a las mujeres jugar en los estadios de la asociación! Esta prohibición duró hasta 1971, ¡casi 50 años!

women's world cup
copa mundial femenina

Women had to wait until 1991 to have their first World Cup, which took place in China. Since then, five other World Cups have been played. The U.S. and Germany have won it twice, and Sweden and Japan have both won once.

Las mujeres tuvieron que esperar hasta 1991 para tener su primera Copa Mundial, cuya sede fue China. Desde entonces, se han jugado cinco copas más. Estados Unidos y Alemania han ganado dos veces y Suecia y Japón, una vez cada uno.

 The seventh Women's World Cup will be played in Canada in June 2015. Are you going?

La séptima Copa Mundial Femenina de Fútbol se jugará en Canadá en junio de 2015. ¿Vas a ir?

 American soccer star Brandi Chastain celebrating the penalty she converted in 1999's final against China. That goal gave the World Cup to the U.S.

La futbolista de Estados Unidos Brandi Chastain celebrando el penalti que anotó en la final de 1999 y con el que su equipo ganó la Copa Mundial.

classic goal celebrations

the dance
el baile

the human heap
la pila humana

the somersault
el salto mortal

celebraciones clásicas de gol

the dive
la zambullida

the sprint
la carrera

the hug
el abrazo

the baby in arms
el bebé en los brazos

the maracanazo

The Maracanazo is the most famous soccer game of all time and the only one that has its own name. It was played in the Maracaná stadium in Rio de Janeiro, Brazil, during the 1950 World Cup. Brazil and Uruguay were playing the final game of the World Cup. The newspapers had predicted a Brazilian triumph with headings  like "Brazil Will Win" and "Brazil World Champion." The stadium was packed with some 200,000 spectators, the largest number of people ever assembled to watch a soccer game, and not one of them doubted that Brazil would win the trophy.

el maracanazo

El partido de fútbol más famoso de todos los tiempos es el Maracanazo. Es el único partido que tiene nombre propio y se jugó en el estadio Maracaná de Río de Janeiro, Brasil, en la Copa Mundial de 1950. Brasil y Uruguay jugaban la final del campeonato. Ese día, los periódicos habían salido diciendo que Brasil iba a ganar. Decían cosas como "Brasil vencerá" y "Brasil será Campeón Mundial". En el estadio había unos 200.000 espectadores, la mayor cantidad de personas jamás reunidas para ver un partido de fútbol, y ni una sola tenía duda de que Brasil ganaría la copa.

Brazil and Uruguay were tied with one goal each during the second half, but eleven minutes before the final whistle, Alcides Ghiggia scored the second goal for Uruguay. The stadium and the country went silent. The unbelievable had happened! All of Brazil was stunned, shocked, and the defeat came down like a national tragedy. The Maracanazo still hurts in Brazil.

En el segundo tiempo del partido, Brasil y Uruguay estaban empatados 1 a 1, pero faltando once minutos para el final del partido, Alcides Ghiggia marcó el segundo gol de Uruguay. El estadio y el país entero enmudecieron. ¡Lo imposible había sucedido! Los brasileños se quedaron pasmados, en estado de shock, y la derrota se sintió como una tragedia nacional. Hasta el día de hoy, el Maracanazo les sigue doliendo a los brasileños.

⚽ The Brazilian team used to play in a white uniform. The Maracanazo prompted a competition to design a new uniform displaying the colors of the Brazilian flag. The winning entry, with the yellow-and-green shirt and blue shorts, came from Aldyr Garcia Schlee, a nineteen-year-old who lived near the border with Uruguay!

La selección de Brasil solía jugar con un uniforme blanco. El Maracanazo hizo que se organizara un concurso para diseñar un uniforme nuevo que tuviera los colores de la bandera brasileña. Ganó la camiseta amarilla y verde con pantaloneta azul que diseñó Aldyr Garcia Schlee, ¡un chico de solo 19 años que vivía cerca de la frontera con Uruguay!

injuries
lesiones

Soccer players get injured often. Their knees and ankles suffer the most. The worst injuries tend to be torn meniscuses and torn ligaments.

Los futbolistas se lesionan con frecuencia. Las rodillas y los tobillos son las partes del cuerpo que más lesiones sufren. Las más serias y comunes son la rotura de meniscos y de ligamentos.

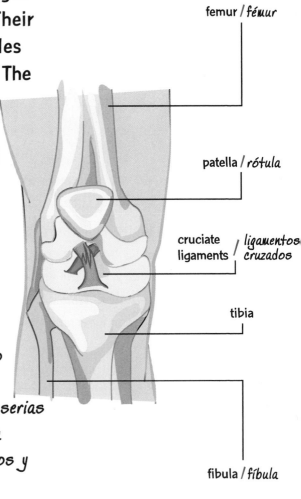

femur / *fémur*

patella / *rótula*

cruciate ligaments / *ligamentos cruzados*

tibia

fibula / *fíbula*

Toward the end of the games, players will sometimes fall and grab the back of their thigh. That means they probably pulled a hamstring. This happens because the muscles get very tight with exhaustion. It hurts a lot and moving is difficult.

Hacia el final de los partidos hay jugadores que se caen y se agarran la parte de atrás del muslo. Eso suele ser un calambre de los músculos isquiotibiales. Los músculos se ponen tiesos debido al cansancio. La pierna no se puede mover y duele mucho.

weird injuries
lesiones extrañas

⚽ One of the strangest injuries in soccer history happened in 1975, when the goalkeeper for Manchester United, Alex Stepney, dislocated his jaw while shouting to his teammates.

Una de las lesiones más extrañas en la historia del fútbol ocurrió en 1975 cuando el portero del Manchester United, Alex Stepney, se dislocó la mandíbula gritándoles a sus defensas.

 In 1970, another English goalie, Charles "Chic" Brodie, suffered a bad injury when a dog jumped onto the field, ran after the ball, and crashed into him.

En 1970, otro portero inglés, Charles "Chic" Brodie, se lesionó gravemente cuando un perro que se había metido en la cancha chocó contra él.

cards

The English referee Ken Aston invented the yellow and red cards after a controversial game in the 1966 World Cup. One yellow card means the player is playing too rough or displays bad behavior. A second yellow card to the same player is equal to a red card, which means the player is expelled from the game. Aston thought the cards would be universally understood by players and spectators of all nationalities, and he was right. They were used for the first time during the 1970 World Cup in Mexico.

 The quickest red card ever was shown 40 minutes before the start of a game. That's crazy! It went to the Spaniard Joaquín Valerio. Apparently, he insulted the referee Fidel Valle Gil in the tunnel before going out to the field.

La tarjeta roja más rápida fue sacada 40 minutos antes de que empezara un partido. ¡Qué locura! Se la sacaron al español Joaquín Valerio. Parece que insultó al árbitro Fidel Valle Gil en el túnel, antes de salir a la cancha.

tarjetas

El árbitro inglés Ken Aston inventó las tarjetas amarilla y roja luego de un controvertido partido en la Copa Mundial de Inglaterra de 1966. Una tarjeta amarilla significa que el jugador está jugando muy rudamente o demostrando mal comportamiento. Una segunda tarjeta amarilla al mismo jugador es igual a una tarjeta roja, lo que significa que el jugador es expulsado del partido. Aston creía que las tarjetas serían entendidas por todos los futbolistas y los espectadores, ¡y tenía razón! Las tarjetas se utilizaron por primera vez en la Copa Mundial de Fútbol de México, en 1970.

soccer predecessors
antecesores del fútbol

The oldest game similar to soccer was played in China (during the Han Dynasty) more than 2,000 years ago. The game was called Cuju. The idea was to get the ball into a goal made out of bamboo poles. The players could use their feet, chest, back, and shoulders to move the ball forward, but not their hands.

El juego más antiguo parecido al fútbol se jugó en China (durante la dinastía Han) hace más de 2.000 años. El juego se llamaba Cuju, y la idea era meter una pelota en un arco hecho de palos de bambú. Los jugadores podían usar los pies, el pecho, la espalda y los hombros para hacer avanzar la pelota, pero no las manos.

tunics and togas

In ancient Greece (more than 2,000 years ago), there was a game called episkyros that was played by two teams of 12 to 14 players. The objective was to get a ball to cross a line that was painted on the ground behind the rival team. Although hands could be used, there is an ancient vase depicting a man bouncing a ball on his thigh, just like a soccer player.

Other ancient games that resemble soccer:
- ⚽ Japanese Kemari, 1,400 years ago
- ⚽ Harpastum, in the Roman Empire, more than 1,500 years ago

túnicas y togas

En la Antigua Grecia (hace más de 2.000 años), había un juego llamado episkyros que se jugaba entre dos equipos de 12 a 14 jugadores. El objetivo era hacer que una pelota cruzara una raya pintada en el suelo que había detrás del equipo rival. Aunque se podían usar las manos, hay una jarra de la Antigua Grecia con un dibujo de un hombre haciendo que una pelota rebote en su muslo, como si fuera un futbolista.

Otros juegos antiguos parecidos al fútbol:
- ⚽ Kemari, en Japón, hace 1.400 años
- ⚽ Harpastum, en el Imperio Romano, hace más de 1.500 años

nicknames

In Spanish, some moves that require special skills have fun nicknames.

taquito
(little taco)

chilena/chalaca
(chilean/chalaca)

Chileans and Peruvians can't agree on who invented this move. Peruvians call it "chalaca" and Chileans call it "chilena," of course. —————————

Los chilenos y los peruanos no se ponen de acuerdo sobre quién inventó esta jugada. Los peruanos dicen "chalaca" y los chilenos, por supuesto, "chilena".

apodos

Algunas jugadas especiales tienen apodos divertidos en español.

chanfle
(curl)

bicicleta
(bicycle)

palomita
(little dove)

a lot of money

mucho dinero

Cristiano Ronaldo
US$73,000,000

Lionel Messi
US$65,000,000

These were the best-paid soccer players in the world during the 2013-2014 season. Their total income is the sum of their salary and their endorsement deals.

Estos son los futbolistas profesionales que más dinero ganaron en la temporada 2013-2014. Su ingreso total incluye el salario que les pagó el equipo más lo que ganaron por publicidad.

Neymar Jr.
US$28,000,000

Radamel Falcao
US$26,000,000

Sergio Agüero
US$21,000,000

Fernando Torres
US$20,000,000

Yaya Touré
US$21,000,000

Zlatan Ibrahimovic
US$34,000,000

Wayne Rooney
US$22,000,000

Gareth Bale
US$24,000,000

*Source \ Fuente: Forbes Magazine

37

richest teams

los equipos más ricos

These were the richest soccer teams in the world during the 2013-2014 season.

Estos fueron los equipos más ricos del mundo durante la temporada 2013-2014.

Barcelona
US$3,200,000,000

AC Milán
US$856,000,000

Liverpool
US$691,000,000

Manchester City
US$863,000,000

Real Madrid
US$3,440,000,000

Chelsea
US$868,000,000

Bayern Munich
US$1,850,000,000

Manchester United
US$2,100,000,000

Juventus
US$850,000,000

Arsenal
US$1,330,000,000

*Source \ Fuente: Forbes Magazine

jersey exchange
cambio de camisetas

The jersey exchange at the end of a game is a great ritual in which sportsmanship, fair play, and friendship are displayed. Many soccer players have collections of the shirts they've exchanged with other players.

This ritual originated in 1931, when the French national team beat the English team. The French were so happy they asked their opponents for their shirts. The English players showed their sportsmanship by giving away their shirts on the spot.

El intercambio de camisetas al final de un partido es un gran gesto de espíritu deportivo, de "fair play" y de amistad. Muchos futbolistas coleccionan las camisetas de los rivales contra los que han jugado.

Esta tradición se originó en 1931, cuando la selección de Francia le ganó a Inglaterra. Los franceses estaban tan contentos de haber ganado que pidieron las camisetas de los ingleses, quienes demostraron ser buenos perdedores y se las dieron.

The Nike corporation makes soccer shirts and shorts out of plastic bottles. It takes eight bottles to make a shirt and 5 bottles to make a pair of shorts.

La compañía Nike hace camisetas y pantalonetas de fútbol con botellas de plástico. Con 8 botellas hacen una camiseta y con 5 botellas, una pantaloneta.

the world cup

In 2018, the twenty-first World Cup will be played in Russia. The map shows the countries that have hosted the World Cup:

Sweden · Suecia
1958

England · Inglaterra
1966

U.S.A.
Estados Unidos
1994

Switzerland · Suiza
1954

Spain · España
1982

Mexico · México
1970, 1986

France · Francia
1938, 1998

Brazil · Brasil
1950, 2014

Chile
1962

Uruguay
1930

Argentina
1978

Because of World War II, no World Cup was played in 1942 or in 1946.

la copa mundial

La Copa Mundial de Rusia 2018 será la número veintiuno. El mapa muestra los países anfitriones de la Copa Mundial:

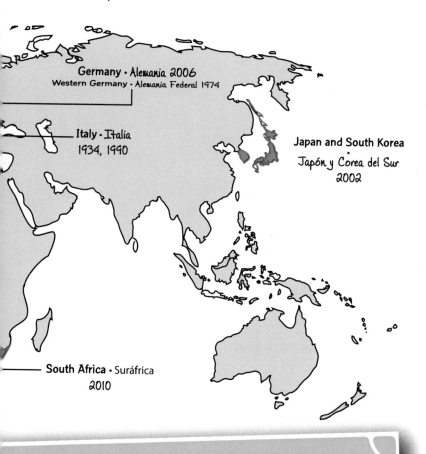

Germany · Alemania 2006
Western Germany · Alemania Federal 1974

Italy · Italia
1934, 1990

Japan and South Korea
Japón y Corea del Sur
2002

South Africa · Suráfrica
2010

Debido a la Segunda Guerra Mundial, no se jugó la Copa Mundial en 1942 ni en 1946.

Some countries have won the World Cup several times. These are the World Cup winners:

Algunos países han ganado la Copa Mundial varias veces. Estos son los países campeones hasta el momento:

Brazil (Brasil)   🏆🏆🏆🏆🏆

Italy (Italia)   🏆🏆🏆🏆

Germany (Alemania)   🏆🏆🏆🏆

Uruguay   🏆🏆

Argentina   🏆🏆

England (Inglaterra)   🏆

France (Francia)   🏆

Spain (España)   🏆

🏆 = 1 World Cup \ 1 Copa Mundial

 Only one soccer player has been world champion
three times: Pelé, in 1958, 1962, and 1970.

*Solo un futbolista ha ganado tres veces la
Copa Mundial: Pelé, en 1958, 1962 y 1970.*

The quickest goal of any World Cup was scored by Hakan Sukur of Turkey in 2002. In the game for third place, against South Korea, Sukur scored only *10.89 seconds after the start of the game.*

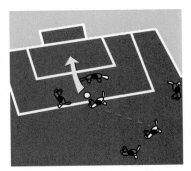

El gol más rápido de una Copa Mundial lo marcó Hakan Sukur de Turquía, a los 10,89 segundos, en el partido por el tercer puesto del Mundial de 2002, contra Corea del Sur.

The Netherlands is the only country that has played in three World Cup finals and lost them all.

Holanda es el único país que ha participado en tres finales de la Copa Mundial y las ha perdido todas.

Only two men have been world champions first as a player and then as a coach: Mário Lobo Zagallo (Brazil) and Franz "the Kaiser" Beckenbauer (Germany).

Solo 2 hombres han sido campeones del mundo primero como jugadores y luego como técnicos: Mário Lobo Zagallo (Brasil) y Franz "el Kaiser" Beckenbauer (Alemania).

The all-time World Cup goal scorer is Miroslav Klose (Germany) with 16 goals.

El jugador con más goles en todas sus participaciones en la Copa Mundial es Miroslav Klose (Alemania) con 16 goles.

The player with the most goals in one World Cup is Just Fontaine (France), with 13 goals in 1958.

El jugador con más goles en una Copa Mundial es Just Fontaine (Francia) con 13 goles en 1958.

The record number of goals in a single World Cup game is 12: Austria (7) vs. Switzerland (5), in 1954.

La marca de más goles en un partido de Copa Mundial es 12: Austria (7) vs. Suiza (5), en 1954.

In 1986, Diego Armando Maradona
scored the most infamous goal in
World Cup history. Argentina
was playing against England.
In the 50th minute, Maradona
jumped inside the English
area, brought a hand
close to his head,
and hit the ball,
sending it past the
goalie, Peter Shilton.
The referee validated the goal.
Later, Maradona said the
goal had been "a bit with
the head and a bit with the hand
of God." Four minutes later, Maradona
scored the most admired goal of all time.
With the ball at his feet, he ran half the
length of the field, dribbled past five English
players and the goalie, and scored. Sublime!

En 1986, Diego Armando Maradona marcó el gol más infame de todas las Copas Mundiales. Argentina jugaba contra Inglaterra. A los 50 minutos, Maradona saltó en el área inglesa, alzó una mano cerca de la cabeza y golpeó el balón con el puño, anotando el gol por encima del portero Peter Shilton. El gol fue validado por el árbitro. Más tarde, Maradona dijo que el gol había sido "un poco con la cabeza y un poco con la mano de Dios". Cuatro minutos después, Maradona marcó el gol más admirado de todos los mundiales. Con el balón a sus pies, recorrió más de la mitad de la cancha, dribló a cinco jugadores ingleses más el portero y anotó. ¡Sublime!

team nicknames
apodos de equipos

Many teams have nicknames.
Muchos equipos tienen apodos.

Cameroon*Camerún***:**
the indomitable lions
los leones indomables

Ivory Coast*Costa de Marfil*
the elephants
los elefantes

Manchester United:
the red devils
los diablos rojos

Juventus:
the old lady
la vieja señora

Guadalajara:
the goats
las chivas

River Plate:
the millionaires
los millonarios

Villarreal:
the yellow submarine
el submarino amarillo

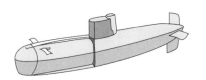

brazilian names

Have you noticed that almost all the great Brazilian soccer players are known by a single name? Pelé, Garrincha, Tostao, Zico, Sócrates, Romário, Ronaldo, Kaká, Neymar . . . Why is that? First, nicknames are very popular in Brazil. Doctors, priests, and even presidents have nicknames. Why should soccer stars be different? Portuguese names are also quite long. The nicknames allow fans to easily identify the players. For example, the real name of Sócrates, the great captain of the national team in the 1982 World Cup, was **Sócrates Brasileiro Sampaio de Souza Vieira de Oliveira.**

nombres brasileños

¿Has notado que a casi todos los grandes futbolistas brasileños se les conoce por un solo nombre? *Pelé, Garrincha, Tostao, Zico, Sócrates, Romário, Ronaldo, Kaká, Neymar...* ¿Por qué? En primer lugar, los apodos son muy populares en Brasil. A personas como médicos, sacerdotes y hasta presidentes se les conoce por su apodo. ¿Por qué iba a ser distinto con los futbolistas? Pero también ocurre que los nombres en portugués suelen ser muy largos. El apodo sirve para reconocer fácilmente a los jugadores. Por ejemplo, el nombre completo de Sócrates, el gran capitán de la selección brasileña de 1982, era **Sócrates Brasileiro Sampaio de Souza Vieira de Oliveira.**

songs

The greatest soccer fans sing nonstop the entire game. The supporters of the English team Norwich City have been singing "On the Ball, City" for more than 100 years. In Argentina, the Boca Juniors stadium rocks to the sound of "Yo soy de Boca, señor" ("I Am from Boca, Sir").

"On the Ball, City"

Kick it off, throw it in, have a little scrimmage,
Keep it low, a splendid rush, bravo, win or die;
On the ball, City, never mind the danger,
Steady on, now's your chance,
Hurrah! We've scored a goal.
City! City! City!

canciones

Las grandes hinchadas de fútbol cantan sin parar durante todo el partido. Los hinchas del equipo inglés Norwich City han cantado "On the Ball, City" desde hace más de 100 años. En Argentina, el estadio de Boca Juniors retumba con "Yo soy de Boca, señor".

"Yo soy de Boca, señor"

Yo soy de Boca, señor
cantemos todos con alegría
aunque no salgas campeón
mi sentimiento no se termina
y dale bo
y dale dale boca
y dale bo y dale dale bo
y dale bo
y dale dale boca
y dale boca
y dale dale bo. Bostero soy...

in many languages
en muchos idiomas

fuaßboi   ποδόσφαιρο

nogomet   fótbóltur

saker   fuotbal

fotbal   sacar

pallò   futbalo

pêl-droed   sepak bola

fodbold   knattspyrna

fußball   calcio

kopańca   bal-balan